*22 février 1894*

## COLLECTION ÉDOUARD SÉRAN

# OBJETS D'ART

Boîtes, Montres, Bijoux anciens, Éventails

Émaux, Miniatures, Sculptures

Meubles, Tapisseries, Céramique

TABLEAUX, ESTAMPES, LIVRES

VENTE PAR SUITE DE DÉCÈS

## HOTEL DROUOT, SALLE N° 2

Les 22, 23 et 24 Février 1894, à 2 heures

Mᵉ **PAUL CHEVALLIER**
COMMISSAIRE-PRISEUR
10, rue de la Grange-Batelière, 10

EXPERTS

**M. A. BLOCHE**
25, rue de Châteaudun, 25

**M. J. BOUILLON**
3, rue des Saints-Pères, 3

**M. A. DUREL**
21, rue de l'Ancienne-Comédie, 21

### EXPOSITION PUBLIQUE

Le Mercredi 21 Février 1894, de deux heures à six heures

# CATALOGUE
## DES
# OBJETS D'ART
## ET DE CURIOSITÉ

Céramique, Émaux de Limoges, Terres cuites
Miniatures, Ivoires, Bois sculptés, Fers ouvrés, Armes
Tabatières, Bonbonnières, Étuis, Flacons, Nécessaires
MONTRES, BIJOUX, ÉVENTAILS
Argenterie, Objets de vitrine
TABLEAUX, DESSINS, ESTAMPES, LIVRES
MEUBLES, TAPISSERIES, ÉTOFFES
DENTELLES
BRONZES, CUIVRES DES XVIe XVIIe ET XVIIIe SIÈCLES

FORMANT LA

## COLLECTION DE M. ÉDOUARD SÉRAN

ET DONT LA VENTE AURA LIEU
*Par suite de son décès*

### HOTEL DROUOT, SALLE N° 2

Les Jeudi 22, Vendredi 23 et Samedi 24 Février 1894

A DEUX HEURES

---

Par le Ministère de Mᵉ **Paul CHEVALLIER**, commissaire-priseur
10, rue de la Grange-Batelière, 10

*Assisté*

| POUR LES OBJETS D'ART DE | POUR LES ESTAMPES DE |
|---|---|
| **M. A. BLOCHE** | **M. J. BOUILLON** |
| EXPERT PRÈS LA COUR D'APPEL | EXPERT |
| 25, rue de Châteaudun, 25 | 3, rue des Saints-Pères, 3 |

Pour les Livres de M. A. DUREL, libraire
21, rue de l'Ancienne-Comédie, 21

## EXPOSITION PUBLIQUE
Le Mercredi 21 Février 1894, de 2 heures à 6 heures

## CONDITIONS DE LA VENTE

Elle sera faite expressément au comptant.

Les acquéreurs paieront en sus des enchères *cinq pour cent*.

L'exposition mettant le public à même de se rendre compte de l'état des objets, aucune réclamation ne sera admise une fois l'adjudication prononcée.

Imprimerie de l'Art, E. Moreau et Cie, 41, rue de la Victoire.

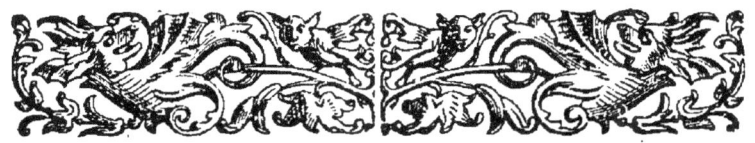

# DÉSIGNATION DES OBJETS

## TERRES CUITES

### ANTIQUES, TANAGRA ET AUTRES

1 — Statuette de jeune fille assise, vêtue d'un *chiton*, tenant une pomme dans la main droite.

2 — Figurine de jeune fille debout drapée dans un manteau.

3 — Figurine de jeune fille debout enveloppée dans un manteau.

4 — Petit groupe : Enfant assis sur un cygne.

5 — Figurine d'enfant nu assis sur un rocher.

6 — Aiguière en terre peinte noire, sujets en brun représentant Ephèbe assise sur sa chlamyde, tenant de la main droite une couronne et regardant un coffret que lui présente une esclave ; derrière une autre esclave tient un écran. Doit dater de deux siècles avant l'ère chrétienne. (Collection Paravey.)

7 — Bas-relief représentant un char de triomphe emporté par deux chevaux.

8 — Fragment, terre antique : Masque de femme.

## TERRES CUITES DU XVIII<sup>E</sup> SIÈCLE

9 — Statuette de Flore debout.

10 — Statuette de femme drapée, agenouillée et tendant la main.

11 — Petit groupe de deux amours rehaussé de peinture et de dorure.

## FAIENCES

12 — *Hispano-arabe*. Petit plat rond, décor à reflets métalliques, offrant au centre un écusson, autour des fleurs et branchages, et sur le bord des inscriptions. XVI$^e$ siècle.

13 — *Hispano-arabe*. Petit plat rond, décor à reflets métalliques à oiseaux, fleurs et ornements. XVI$^e$ siècle.

14 — *Bernard Palissy*. Plat ovale représentant la Décollation de saint Jean.

15 — *Vieux Nevers*. Coupe creuse, décor fond gros bleu, à bouquets de fleurs et arabesques en *sopra bianco* et jaune d'ocre.

16 — *Perse ancien*. Plat rond, décor à palmes, fleurs et feuillages.

17 — *Vieux Nevers.* Hanap, décor en bleu et manganèse, représentant des médaillons à paysages et figures, et des ornements.

18 — *Abruzzes.* Deux aiguières de pharmacie, décor marine et paysage, amours tenant des banderolles à inscriptions. XVII$^e$ siècle.

19 — *Italie.* Plat rond, décor bleu et jaune, représentant au centre un ange et un enfant, autour des ornements. XVII$^e$ siècle.

20 — *Castel-Durante.* Gros vase cylindrique, décor à guirlandes de fruits et de feuillages avec cartouche à inscription. XVI$^e$ siècle.

21 — *Perse ancien.* Bol et soucoupe, décor en bleu.

22 — *Perse ancien.* Petit vase, décor en bleu et violacé.

23 — *Perse ancien.* Deux petits bols avec soucoupes, décor très fin en polychrome.

24 — *Perse ancien.* Bouteille, décor à ornements et animaux en bleu sur blanc.

25 — *Perse ancien.* Bouteille à panse aplatie, décor à arabesques et feuillages en bleu sur blanc.

26 — *Urbino.* Deux cornets, décor à médaillons, personnages et ornements. XVI$^e$ siècle.

27 à 30 — *Faïences diverses.* Delft, Marseille, Rouen et Strasbourg, assiettes, décors variés.

31 — *Vieux Strasbourg.* Corbeille ovale et à jour, décor à fleurs.

32 — *Vieux Delft doré.* Beurrier couvert, décor à paysage chinois.

33 — *Delft ancien.* Brosse avec dessus, décor polychrome à sujets chinois.

34 — *Nevers.* Lanterne, décor à personnages dans le genre de Callot.

35 — *Rouen ancien.* Deux petits groupes : Enfants aux dauphins, décor bleu.

36 — *Rouen ancien.* Vase bouquetière à deux anses tortillons, décor lambrequins et fleurs en bleu.

37 — *Marseille ancien.* Deux tasses avec soucoupes, décor très fin à sujets allégoriques à la pêche et à la chasse ; bordure à rehauts d'or.

38 — *Delft ancien.* Deux grenouilles, décor polychrome.

39 — *Delft ancien.* Figurine de clown, décor polychrome.

40 — *Moustiers.* Poudrière à sucre, décor en bleu, composition d'après Bérain. xviii$^e$ siècle.

41 — *Padoue.* Statuette de faunesse formant fontaine. xvii$^e$ siècle.

42 — *Hollande.* Canette, décor bleu sur blanc, représentant la Vierge et saint Jean au pied de la croix, avec écusson au monogramme M. A. et la date 1575; monture en étain.

43 — *Rouen ancien.* Plat rond, décor polychrome à la corne.

44 — *Perse ancien.* Plat rond, décor polychrome rehaussé d'or à fleurs et feuillages.

45 — *Castelli.* Plat rond représentant une scène biblique, signé SGRUE et daté 1753.

46 — *Gênes.* Plat à larges bords et creux au centre, décor à écusson, fleurs diverses et feuillages en polychrome. XVII$^e$ siècle.

47 — *Delft ancien.* Vase forme balustre renversé, décor en jaune sur fond brun à sujet chinois.

48 — *Vieux Mayence.* Figurine : le Jardinier.

49 — *Vieux Strasbourg.* Figurine : Allégorie de l'Hiver.

50 — *Nevers.* — Deux lions, décor polychrome.

51 — *Vieux Moustiers.* Plat oblong à contours, décor d'après Bérain, en bleu sur blanc.

52 — *Vieux Moustiers.* Plaque ovale offrant au centre le profil de Louis XIV en bas-relief. Encadrement mi-jonc, fond bleu à feuillages en couleur.

53 — *Nîmes ancien.* Petite coupe sur piédouche, décor rosaces, dessin par enlevages en vert sur fond brun.

54 — *Gubbio.* Coupe d'accouchée, décor à reflets métalliques et bleus offrant au fond un enfant couché dans un berceau. XVI$^e$ siècle.

55 — *Gubbio*. Coupe sur piédouche, décor bleu et à reflets métalliques offrant au centre un écusson et, autour, des arabesques d'ornements se terminant en têtes de dauphins. XVI$^e$ siècle.

56 — *Deruta*. Coupe à ombilic, décor buste de femme, bords dessinant une couronne en jaune, traits bleus à reflets métalliques. XVI$^e$ siècle.

57 — *Padoue*. Plaque rectangulaire, offrant en bas-relief la Vierge tenant l'Enfant Jésus.

58 — *Vieux Delft*. Garniture de trois potiches, décor bleu sur blanc, à paysage et oiseaux.

59 — *Chine*. Deux perruches, décor vert, violet et jaune.

60 — *Castelli*. Plaque ovale, décor vue de palais et paysage avec figures.

61 — *Vieux Delft.* Plat décor bleu sur blanc à figures et paysages.

62 — *Italie.* Plat ancien, décor à entrelacs et à festons de rubans en bleu sur polychrome.

63 — *Vieux Moustiers.* Deux plats, décor d'après Callot en ocre à personnages et paysages.

## PORCELAINES FRANÇAISES

64 — *Vieux Sèvres.* Sucrier pâte tendre, décor feuilles de chou et bouquets de fleurs détachés.

65 — *Vieux Sèvres.* Tasse haute, dite trembleuse, pâte tendre, décor fond pointillé d'or à guirlandes de roses et clochettes.

66 — *Vieux Sèvres.* Sucrier, tasse et soucoupe pâte tendre, décor bandes fond bleu et fond jaune à guirlandes de roses, le tout rehaussé d'or.

67 — *Mennecy ancien*. Sucrier, couvercle et plateau, décor à bouquets de fleurs.

68 — *Vieux Sèvres*. Deux pots à crème, décor à bouquets de fleurs.

69 — *Vieux Locray*. Écuelle, couvercle et plateau, décor à bouquets de bluets et rehaussé d'or.

70 — *Vieux Sèvres*. Lot de fleurs diverses en pâte tendre.

71 — *Vieux Sèvres*. Groupe : le Baiser de Houdon, en biscuit, monté sur fût de colonne en marbre blanc garni de bronze. Époque Louis XVI.

72 — *Vieux Sèvres*. Six assiettes pâte tendre, décor à bouquets de fleurs détachés.

## PORCELAINES D'ALLEMAGNE
### ET AUTRES EUROPÉENNES

73 — *Vieux Saxe*. Groupe de quatre figures : la Cueillette des pommes. Terrassement à rocailles à rehauts d'or.

74 — *Vieux Saxe.* Grande figurine, allégorie de l'Automne, sur terrassement à rocailles à rehauts d'or.

75 — *Vieux Saxe.* Figurine : le roi Midas. Terrassement à fleurs, feuillages et rocailles rehaussées d'or.

76 — *Vieux Saxe.* Figurine : Mercure debout.

77 — *Vieux Saxe.* Figurine d'enfant, allégorie de l'Hiver.

78 — *Vieux Saxe.* Figurine de petit amour travesti.

79 — *Vieux Saxe.* Figurine représentant Flore chargée de fleurs.

80 — *Vieux Saxe.* Figurine de petit enfant charmeur d'oiseaux.

81 — *Vieux Saxe.* Groupe de deux moutons.

82 — *Vieux Saxe*. Petit mouton couché.

83 — *Saxe*. Cygne aux ailes déployées.

84 — *Saxe*. Cygne blanc.

85 — *Vieux Saxe*. Petit carlin aboyant.

86 — *Vieux Saxe*. Petite vache couchée.

87 — *Vieux Saxe*. Beurrier couvert, décor au tigre à rehauts d'or.

88 — *Vieux Saxe*. Flacon à thé, décor à médaillons sujets Watteau, rocailles et fleurs à rehauts d'or.

89 — *Saxe*. Petite potiche à thé, décor jeux d'enfants en camaïeu violet, bordure à quadrillé fond vert.

90 — *Vieux Saxe*. Deux coquetiers, décor à bouquets de fleurs.

91 — *Vieux Saxe*. Petit vase surbaissé avec

couvercle, décor par compartiments en relief à fleurs et ornements en polychrome et or dans le goût oriental.

92-93 — *Vieux Saxe.* Quatre oiseaux divers perchés sur des troncs d'arbre.

94 — *Vieux Saxe.* Vase avec couvercle, décor boules de neige, branchages et oiseaux en haut relief.

95 — *Vieux Saxe.* Coupe supportée par trois cariatides de femmes, décor à bouquets de fleurs, bords gaufrés.

96 — *Saxe Marcolini.* Deux corbeilles décor à jour, à fleurs et à guirlandes.

97 — *Vieux Kronenburg.* Groupe de trois figures assises autour d'un obélisque, allégorie des saisons.

98 — *Charles Théodore ancien.* Figurine : Danseuse.

99 — *Vieux Vienne.* Groupe : Apollon charmant le Cerbère.

100 — *Vieux Vienne.* Figurine : Enfant.

101 — *Charles Théodore ancien.* Solitaire fond blanc, décor à fleurs composé d'un plateau, une théière, un pot à crème et une tasse avec soucoupe.

102 — *Allemagne.* Deux cassolettes forme poules.

103 — *Ancien Mayence.* Deux groupes blancs à sujets chinois.

104 — *Capo di Monte ancien.* Deux statuettes d'augures formant flambeaux.

105 — *Venise ancien.* Salière forme rocailles, décor à fleurs.

106 — *Vieux Vienne.* Tasse et soucoupe, fond bleu à rehauts d'or avec sujet tiré de l'histoire ancienne.

107 — *Allemagne*. Poissons formant presse-papier.

108 — *Vieux Venise*. Deux satyres à rocailles, décor à fleurs.

109 — *Vieux Mayence*. Quatre assiettes à bords gaufrés, décor à bouquet de fleurs.

## PORCELAINES ORIENTALES

110 — *Vieux Chine, famille rose*. Plat décoré au centre d'une jardinière fleurie, et sur le bord de médaillons à gerbes de fleurs, entrecoupés de cornets et de brûle-parfums.

111 — *Vieux Chine*. Deux grandes assiettes décor à bouquets de fleurs, bords à médaillons et fragments de lambrequins en polychrome et or.

112 — *Vieux Japon*. Plat décoré de poissons au centre, de fleurs et d'oiseaux sur le bord, en polychrome et or.

113 — *Vieux Japon.* Plat, décor jardinière fleurie en polychrome et or.

114 — *Vieux Chine, famille verte.* Flacon à thé, décor oiseaux de paradis et paysages relevés d'or.

115 — *Vieux Chine, famille verte.* Théière, pot à crème, petit plateau, trois tasses et soucoupes, décor à personnages et bouquets de fleurs.

116 — *Vieux Chine, famille verte.* Deux plaques de revêtement, décor à personnages : guerriers à cheval et oiseaux perchés sur un arbre en fleurs; bordure à carrelages.

117 — *Vieux Chine, famille verte.* — Deux vases forme balustres renversés, décor à nombreux personnages, assemblées de mandarins.

118 — *Vieux Chine.* Deux chimères, décor en vert, violet et jaune.

119 — *Inde ancien.* Fraisier et plateau, décor à bouquets de fleurs et guirlandes.

120 — *Chine.* Deux gourdes gris craquelé, décor en bleu.

121 — *Inde ancien.* Deux réchauds, décor bleu et or.

122 — *Inde ancien.* Deux tasses avec soucoupes, décor à armoiries rehaussées d'or.

123 — *Vieux Chine, famille verte.* Encrier, décor à fleurs et feuillages.

124 — *Vieux Japon.* Sucrier, décor polychome.

125 — *Vieux Chine.* — Deux bouteilles, décor varié en bleu sur blanc.

## ÉMAUX

126 — Plaque octogonale en émail de Limoges, peinture en couleur et rehauts

d'or, représentant la chaste Suzanne et les deux Vieillards, attribué à *Suzanne de Court*; monture en cuivre du temps; avec miroir biseauté au revers.

127 — Plaque rectangulaire en émail de Limoges, peinture en couleur et rehauts d'or, représentant deux anges portant le Saint-Sacrement, avec armoirie en bas. Au-dessous on lit : *Loué soit Le Tres S$^t$ Sacrement de L'autel*. Fin du XVI$^e$ siècle. Cadre en bois sculpté et doré.

128 — Custode en cuivre champlevé et émaillé fond bleu clair, avec arabesques et médaillons cerclés de rouge. Époque XV$^e$ siècle.

129 — Custode en cuivre champlevé et émaillé fond bleu, décor à arabesques. XV$^e$ siècle.

130 — Coupe à bords lobés en émail de Limoges, représentant au centre une peinture en grisaille : Amphitrite ; autour,

sur fond blanc et peints en couleur, des volatiles de toutes espèces. Dessous fond noir, dessin : paysage, oiseaux et fleurs à rehauts d'or et de couleur. Signée du monogramme de *Jean Laudin*.

## FERS OUVRÉS

131 — Paire de mouchettes en fer damasquiné d'or, dessins à ornements. XVI$^e$ siècle.

132 — Paire de mouchettes en fer ciselé, décor à armoirie et trophée d'attributs maritimes. XVII$^e$ siècle.

133 — Petit coffret en fer gravé, à couvercle bombé, décor à têtes de chérubins, feuillages et inscriptions.

134 — Paire de cisailles en fer découpé à jour. XVII$^e$ siècle.

135 — Étui à ciseaux en fer incrusté d'ar-

gent, dessin oiseaux et corbeilles de fruits. xviie siècle.

136 — Étui à ciseaux en fer gravé incrusté d'argent, dessin à trophée d'armes. xviie siècle.

137 — Étui à ciseaux en fer repercé à jour, dessin à ornements fleuronnés. xviie siècle.

138 — Cadenas avec clef en fer orné de fines inscrustations d'or et d'argent. xvie siècle.

139 — Cachet à trois faces en fer gravé, monture incrustée d'argent. xviie siècle.

140 — Couteau triple en fer gravé, rehaussé de vestiges de dorure; sur le manche, le nom de *Jacques Poytevin*. xvie siècle.

141 — Paire de ciseaux en fer gravé. Époque Louis XV.

142 — Paire de ciseaux en fer gravé orné d'incrustations d'or. Époque Louis XVI.

142 bis — Trois dés en fer ciselé, dessin à animaux et rinceaux feuillagés. xvie siècle.

143 — Boîte plate en fer, dessin à vases de fleurs et guirlandes incrustées d'or. Époque Louis XVI.

144 — Étui plat en fer damasquiné d'or, décor à éléphants, encadrements à arabesques. xvie siècle.

145 — Petite clef en fer damasquiné d'or et d'argent, forme boule repercée et embase carrée. xvie siècle.

146 — Cachet à trois faces en fer gravé, à armoiries. xvie siècle.

147 — Coffret à quatre faces en plomb et cuivre, décor à cariatides, figures et arabesques. Époque Renaissance.

148 — Heurtoir en fer. xve siècle.

149 — Poignée ou heurtoir en fer, dessin à volutes. xvie siècle.

150 — Six clefs en fer découpé à jour, avec canons et pannetons ouvrés. XVI$^e$ siècle.

## BOIS SCULPTÉ

151 — Poudrière offrant en bas-relief, d'un côté un buste sur socle porté par une tête d'ange entouré de rinceaux fleuris, de l'autre côté : des ornements feuillagés se terminant en têtes d'aigles. Commencement du XVII$^e$ siècle.

152 — Affiquet orné de médaillons à bustes de personnages, de têtes accostant un buste de guerrier casqué et tenant dans leurs bouches des guirlandes. XVII$^e$ siècle.

153 — Peigne gothique, dessin très fin ajouré avec inscription : *Pour bien mon cœur avez.*

154 — Marotte se terminant par un bouffon. XVII$^e$ siècle.

155 — Râpe à tabac finement sculptée, offrant d'un côté un blason surmonté d'un casque de chevalier, d'un bouquet de fleurs et de branchages, de l'autre côté un chiffre *LDM* enlacés, surmonté d'une couronne et de gerbes de fleurs. XVII$^e$ siècle.

156 — Boîte plate pour bésicles à contours, offrant sur chaque face des médaillons à bustes de personnages au milieu d'ornements et de branchages dans lesquels sont perchés des oiseaux. XVII$^e$ siècle.

157 — Étui à bésicles offrant en bas-relief un buste de personnage de l'antiquité et des ornements. XVII$^e$ siècle.

158 — Couteau avec manche en buis sculpté, décoré de trois têtes de chiens, de médaillons à figures et d'ornements en forme de crosses feuillagées. XVII$^e$ siècle.

159 — Deux groupes de deux figures, formant manches de couteaux, montés sur socles. XVII$^e$ siècle.

## IVOIRES

160 — Groupe de la Vierge et de l'Enfant Jésus, sur socle à feuilles d'eau. École espagnole du XVI$^e$ siècle.

161 — Statuette d'applique représentant une figure fabuleuse, le haut du corps et tête humaine avec ailes, le bas se terminant en queue de dauphin avec pied à griffes de lion. Socle en bois noir. XVII$^e$ siècle.

162 — Étui en forme d'olifant sculpté à jour et en bas-relief représentant des suites d'animaux de toutes espèces, couvercle monté à charnières en vermeil, représentant une tête humaine enveloppée de branches de vigne. XVII$^e$ siècle.

163 — Plaquette rectangulaire, ancien couvercle de cadran solaire représentant une scène à personnages en bas-relief. XVI$^e$ siècle.

164 — Sifflet formé par un buste de femme. XVIIe siècle.

165 — Sifflet formé par un buste de fou. XVIIe siècle.

166 — Affiquet représentant des enfants acrobates portant une corne d'abondance, monté sur une tige feuillagée. XVIIe siècle.

167 — Affiquet formé par une figurine de nymphe chasseresse. XVIIe siècle.

168 — Fourchette en fer avec manche, formé par une figurine de Mercure en ivoire. XVIIe siècle.

169 — Lorgnette offrant au pourtour, sur fond ajouré des médaillons représentant Henri IV, Sully et Louis XIV dans des encadrements à nœuds de rubans, avec étui en galuchat. Époque Louis XVI.

170 — Deux figurines minuscules : Acrobates. XVIIe siècle.

171 — Médaillon ovale : buste du roi Louis XVI, en biscuit de Sèvres imitant le Wedgwood, monté sur une plaquette d'ivoire, ornée de sculptures en bas-relief. Travail de l'époque.

172 — Colonnette en ivoire portant un buste de moine en cire finement sculpté. XVIIe siècle. Dans son étui de l'époque en cuir rouge doré au petit fer.

173 — Bas-relief en ivoire représentant Léda, les Amours et Jupiter sous forme de cygnes. Époque XVIIe siècle. Cadre en velours.

174 — Petit médaillon rond représentant, sculpté en ivoire, parties teintées : Jeune garçon et Jeune fille dansant en costume Louis XVI. Cadre en bois sculpté et doré.

175 — Quatre netzukés en ivoire sculpté : Sujets divers.

176 — Deux couteaux avec manches en ivoire sculpté. Travail indien.

## TABATIÈRES ET BONBONNIÈRES
### ÉTUIS ET FLACONS

177 — Tabatière forme navette en or émaillé, fond bleu pâle, le dessus offrant une scène champêtre, le pourtour et le dessous des médaillons à corbeilles, guirlandes de fleurs et autels sur lesquels brûlent deux cœurs. Époque Louis XVI, avec écrin en galuchat.

178 — Boite rectangulaire en nacre finement sculptée et repercée à jour, montée sur fond paillons rubis, offrant sur le couvercle une allégorie aux plaisirs de la pêche ; au pourtour et comme encadrement des rocailles rehaussées d'or et de vert ; monture à cage et en argent. Époque Louis XV.

179 — Bonbonnière en vernis Martin, fond

rouge à rocailles dorées avec sujet : petits amours peints en couleur. Époque Louis XV.

180 — Bonbonnière ovale en cristal de roche, finement évidée, montée en or à charnière. Époque Louis XVI.

181 — Bonbonnière octogonale en cristal de roche finement évidée, taillée à facettes, montée à charnière en argent. XVIIe siècle.

182 — Bonbonnière en écaille ornée sur le couvercle d'une miniature : Scène d'intérieur, monture en or avec perlé d'émail. Époque Louis XVI.

183 — Bonbonnière ronde en écaille ornée sur le couvercle d'un fixé : vue maritime ornée de nombreux personnages, attribué à Lebel.

184 — Bonbonnière en écaille posée d'or de couleur à petits dessins. Monture or. Époque Louis XVI.

185 — Bonbonnière en racine de buis ornée d'une miniature : Portrait de femme coiffée à la Titus. I$^{er}$ Empire.

186 — Petite bonbonnière en écaille avec miniature : Portrait d'un gentilhomme en habit rouge. Epoque Louis XVI.

187 — Drageoir en argent ciselé, décor allégorique au concert champêtre encadré de coquilles et de rocailles, avec miniature à l'intérieur : La femme au masque. Époque Louis XV.

188 — Bonbonnière en écaille avec petite miniature : M$^{me}$ de Pompadour. Attribué à *Lefèvre*. XVIII$^e$ siècle.

189 — Bonbonnière en écaille blonde ornée sur le couvercle d'une miniature en grisaille : l'Amour regardant les colombes qui se becquettent sur un autel avec l'inscription : *Ce modèle me plaît*. Attribuée à *De Gault*. Monture or. Époque Louis XVI.

190 — Drageoir ovale en écaille incrustée d'argent représentant dessus le Jugement de Pâris, et dessous un buste de Mars encadré d'arabesques fleuries. Époque Louis XIV.

191 — Tabatière en poudre d'écaille posée d'or, dessin à volatiles, chiens et ornements. XVIII<sup>e</sup> siècle.

192 — Bonbonnière en écaille brune ornée d'un fixé, allégorie à la désolation, signé : *Malliée* et daté *1774*.

193 — Tabatière ovale en écaille brune posée d'or et d'argent, dessin à fleurs et rayons. Époque Louis XVI.

194 — Drageoir forme livre en argent gravé décor fontaines à figures avec peinture sur ivoire à l'intérieur représentant une dame de qualité. Époque Louis XVI.

195 — Tabatière ovale en argent gravé dessin à guirlandes, fleurs et rayons. Époque Louis XVI.

196 — Bonbonnière à contours en pâte tendre de Chantilly, décor à fleurs et insectes, monture à charnières en argent. Époque Louis XV.

197 — Petite boîte forme panier en ancienne porcelaine, pâte tendre de Saint-Cloud, dessin gaufré, monture argent. Époque Louis XV.

198 — Petit coffret en argent gravé, décor médaillons à personnages inspirés de Callot. XVII° siècle.

199 — Deux petites boites en argent repoussé, décor à personnages. Époque Louis XV.

200 — Deux cassolettes en argent gravé et repoussé. Époque Louis XV.

201 — Boîte à mouches en écaille brune garniture or. Époque Louis XVI.

202 — Boite rectangulaire en vieux Saxe,

décor à fleurs, intérieur à sujets Siamois. Monture en cuivre. Époque Louis XV.

203 — Boîte en vieux Saxe, fond gaufré à fleurs. Monture en cuivre. Époque Louis XV.

204 — Tabatière ovale en caillou d'Egypte, monture à charnière en or, époque Louis XVI.

205 — Trois petites boîtes cassolettes en argent et en métal, travail indien.

206 — Petite coupe analogue.

207 — Petite boîte carrée en vieux Chine, décor à fleurs.

208 — Petite boîte en ancien Japon, décor par bandes fond d'or à entrelacs de couleur.

209 — Petite bonbonnière en ancien émail

cloisonné de Chine fond bleu turquoise. Socle bois sculpté.

210 — Boîte de médecin en bois sculpté, travail ancien japonais.

211 — Bonbonnière en laque noire du Japon à rehauts d'or

212 — Bonbonnière en bois noir incrusté de nacre et de burgau.

213 — Trousse de médecin en laque noire, décor, chevaux en liberté, du Japon.

214 — Cassolette en cuivre gravé, décor à figures. Travail persan et ancien.

215 — Petit étui en cuivre gravé d'Orient.

216 — Cassolette lenticulaire en cuivre gravé, décor à arabesques. Travail ancien d'Orient.

217 — Deux boîtes en laque et incrustations de l'Inde.

218 — Ecritoire en laque de Perse.

219 — Étui en or guilloché et ciselé, bordure à corde. Époque Louis XVI.

220 — Étui en or gravé, forme huit pans. Époque fin Louis XVI.

221 — Étui cylindrique en vernis Martin, décor en grisailles, scènes champêtres et enfantines, sur fond paillons rubis, monture en or. Époque Louis XVI.

222 — Étui cylindrique en vernis Martin, fond rubis sur paillons guillochés, décor de sujets de chasse, monté en or. Époque Louis XVI.

223 — Étui en vernis de Brunswick, décor jeux d'enfants dans des paysages, fond aventuriné d'or. XVIIIe siècle.

224 — Étui à aiguilles et à flacon en vernis Martin, décor à sujets de chasse, d'après Oudry, monture argent. Époque Louis XV.

225 — Gros étui cylindrique en vernis Martin, fond d'or. Époque Louis XVI.

226 — Étui en argent forme poisson. XVIIIe siècle.

227 — Nécessaire en nacre appliqué d'argent avec sujets champêtres sur chaque face. Époque Louis XVI.

228 — Carnet de bal dit « Souvenir » en nacre orné d'applications d'argent, offrant sur chaque face des petits médaillons représentant : l'un, le sacre de Louis XVI, et l'autre, un sujet de chasse. Époque Louis XVI.

229 — Flacon en ancienne porcelaine de Furstenberg, décor à bouquets de fleurs en camaïeu rouge.

230 — Nécessaire de dame en ancien émail de Saxe, fond gros bleu, avec médaillons à figures et à paysages. XVIIIe siècle.

231 — Petit flacon en verre offrant d'un

côté une peinture : Amour, avec inscription : « Recevez le plus fidèle », et, de l'autre, une boussole. Monture or et argent. Époque Louis XVI.

232 — Petite cave à odeurs en vernis Martin, fond vert avec volatiles en couleur, monture argent. Époque Louis XVI.

233 — Navette en écaille blonde, incrustée d'or. Époque Louis XVI.

234 — Étui, forme chou-fleur, en ancienne porcelaine de Chelsea, monture en or.

235 — Flacon en ancienne porcelaine de Chelsea, forme vase de fleurs, décor à jour.

236 — Flacon en ancienne porcelaine de Frankenthal, décor à personnages, monture en argent doré. Époque Louis XV.

237 — Flacon forme soulier en ancienne porcelaine de Saxe, fond jaune à fleurs, bouchon à éperon en argent.

238 — Petite cassolette forme œuf en ancienne porcelaine de Chelsea, décor à fleurs détachées, monture en or.

239 — Deux flacons en ancienne porcelaine d'Allemagne, forme poupards emmaillotés.

## MONTRES

240 — Grosse montre de voyage en cuivre finement repercé et doré, offrant dessous un médaillon à figure allégorique du génie de la Science entouré de scènes de chasse à courre, au pourtour des arabesques avec animaux de toutes espèces et dessus une rosace avec aigle, figures et ornements entourées de cariatides ailés et les bras étendus à travers lesquels se dessinent les heures. Époque Louis XIII.

241 — Jolie montre tout en émail représen-

tant un médaillon à buste de femme et quatre autres à paysages sur fond bleu turquoise. A l'intérieur, un paysage avec figures. Travail français de l'époque Louis XIV. Attribué aux frères *Huot*. Mouvement signé *Watson, London*.

242 — Montre en or, le dessus orné d'un émail à double face représentant, d'un côté, l'Adoration des Rois Mages, et de l'autre, un bouvier conduisant des bœufs à travers un paysage. Le cadran émaillé offre au centre un roi et une reine. Le mouvement est signé : *Chevalier à Paris*. XVIIIe siècle.

243 — Montre en or repoussé et repercé à double boîtier, représentant une femme peintre faisant le portrait d'une reine dans un parc, encadré de rocailles et de fleurs. Mouvement anglais signé de *Bettical*. Époque Louis XV.

244 — Montre en or rouge repercé et re-

poussé à double boîtier, représentant le concert, d'après Watteau, encadré de rocailles. Mouvement signé *Cabrier, London.* Époque Louis XV.

245 — Montre en or gravé, le boîtier couvert d'attributs et d'ornements en marcassites. Mouvement signé *Argand, Paris.* Époque Louis XVI.

246 — Montre en or avec mouvement à jour enrichie d'ornements et d'un entourage en jargon. Cadran signé *Moilliet, à Genève.* Époque Louis XVI.

247 — Montre en or avec boîtier fond émaillé opalin, décoré d'un motif architectural : l'autel de l'Hyménée sur lequel brûlent deux cœurs. Travail en or de couleur et enrichi de jargons. Mouvement signé *Lépine, Paris.* Époque Louis XVI.

248 — Montre en or ciselé et de couleur, ornée sur le boîtier d'un émail réprésen-

tant une nymphe et une muse. Cadran signé *Berthoud, Paris.* Époque Louis XVI.

249 — Montre en or gravé, ornée sur le boitier d'un émail peint : Tête de petite fille, encadré de jargons. Cadran signé *Lépine, à Paris.* Époque Louis XVI.

250 — Petite montre en or émaillé, fond orange, avec émail peint représentant l'Innocence et l'Amour, encadrement en jargons à nœud de rubans. Cadran entouré et orné de jargons signé *Gudin, à Paris.* Époque Louis XVI.

251 — Montre en or ciselé et de couleur, décor à guirlandes de fleurs avec émail peint au milieu représentant une tête de femme. Mouvement signé *Bellard Mestrat, à Marseille.* Époque Louis XVI.

252 — Montre en or, dessus en émail, sujet allégorique représentant un vieillard et

une jeune fille, entourage émaillé et enrichi de demi-perles. Époque fin Louis XVI.

253 — Montre en or avec émail représentant un enlèvement, entourages en demi-perles. Cadran signé *Noll, à Paris*. Époque fin Louis XVI.

254 — Montre en or à double face, l'une indiquant les heures et les minutes, et l'autre à quatre cadrans surmontés d'un sujet allégorique. Époque fin Louis XVI.

255 — Grosse montre en cuivre gravé, décor à ornements, mouvement avec un émail représentant la Charité filiale. Cadran signé *Maurice, London*. Époque Louis XIV.

256 — Boussole en cuivre doré et fer gravé dans un écrin. XVIIe siècle.

## BIJOUX ANCIENS

257 — Pendentif ovale en argent doré avec médaillon à fond d'ivoire représentant un temple où deux colombes viennent se becqueter. Époque Louis XVI.

258 — Pendant de cou en émeraudes et roses avec bouquet sous verre au milieu et bélière à nœud de ruban. Époque Louis XVI.

259 — Reliquaire en or émaillé offrant d'un côté des figures d'anges portant le Saint-Sacrement et de l'autre côté des reliques entourées d'inscriptions. XVIIe siècle.

260 — Applique en argent doré et émaillé, découpé à jour, représentant l'Adoration des Rois Mages. XVIe siècle.

261 — Pièce d'or ancienne à l'effigie d'un roi de France, chevalier de Malte, fond fleurdelisé.

262 — Deux petits médaillons en argent niellé représentant les têtes de la Vierge et du Christ. XVI$^e$ siècle.

263 — Bague-cachet tournant en or, avec figure de Diane chasseresse gravé sur matière précieuse orientale.

264 — Bague en or avec tête d'homme riant, gravée sur matière précieuse orientale.

265 — Bague en or avec camée dur, cornaline à deux couches représentant David tenant la tête de Goliath. Travail ancien.

266 — Bague en argent ciselé représentant Saint-Michel. (Citée dans le Dictionnaire de Violet-Le-Duc, tome III, page 22, fig. 6, indiquée du XV$^e$ siècle).

267 — Trois petits cachets en ancienne porcelaine de Chelsea représentant un arlequin, un danseur hongrois et un petit chinois.

268 — Bague en argent à deux branches avec oiseaux.

269 — Bague d'évêque avec croix. XVe siècle.

270 — Bague en argent avec chaton en caillou d'Égypte. XVIe siècle.

271 — Bague rosace en roses dites six faces et rubis, monture or et argent. Époque Louis XVI.

272 — Bague marquise avec médaillon émaillé à inscription ; gage d'amitié, entourage demi-perles, monture or. Époque Louis XVI.

273 — Pendentif avec cœur mobile au centre, tout en argent découpé à jour, enrichi de roses. XVIIe siècle.

274 — Garniture de 68 boutons en argent filigrané.

275 — Paire de boucles d'oreilles à rosaces en strass, monture argent. XVIIIe siècle.

276 — Quatre boucles en strass ancien, monture argent.

277 — Garniture de livre en argent.

## ARGENTERIE

278 — Plateau rond, très creux au centre, en argent repoussé et partie dorée, décor à bouquets de tulipes et de marguerites. Époque Louis XIII.

279 — Plat rond en argent repoussé et partie dorée, décor uni au milieu, à larges bords, décor à oiseaux et arabesques de fleurs. Époque Louis XIII.

280 — Verre sur piédouche en argent découpé à jour, dessin à entrelacs de fleurs avec médaillons à bustes de personnages. Époque Louis XIII.

281 — Petite sonnette en argent guilloché. Ier Empire.

282 — Sept pièces monnaies anciennes d'argent de Louis XIV, Louis XV, et Louis XVI.

283 — Dix-sept jetons en argent à l'effigie de Louis XVI.

284 — Quatre pièces diverses argent et bronze.

285 — Quatre cachets anciens en argent et armoriés.

286 — Petite cuiller hollandaise en argent repoussé.

287 — Deux custodes en argent gravé enrichies de cabochons. XVI$^e$ siècle.

288 — Huilier, moutardier et deux salières en argent du I$^{er}$ Empire.

## MINIATURES

289 — Miniature octogonale représentant l'amour en contemplation devant un portrait de femme. Cercle en or, cadre en velours. XVIII$^e$ siècle.

290 — Miniature ronde sur ivoire, portrait de Guadet le Girondin en habit bleu à revers rouge. Signé : *G. A. Clémentine.*

291 — Médaillon peint sur nacre, représentant une amazone en costume du temps de Louis XVI. Cadre en or sur fond de velours.

## MATIÈRES PRÉCIEUSES

292 — *Jade blanc.* Boîte avec couvercle forme gourde, finement évidée, travail chinois ancien.

293 — *Jade.* Petit vase surbaissé finement

évidé, gravé sur la panse. Travail ancien de Chine.

294 — *Cristal de roche.* Cachet surmonté d'une chimère. Travail chinois.

295 — *Turquoise* gravée, dessin divinité incrustée d'or, dite talisman, sur socle en bois. Travail ancien de Perse.

## ÉVENTAILS

296 — Bel éventail du xviiie siècle représentant une suite de médaillons à sujets historiques et allégoriques peints à la gouache en couleur entrecoupés de médaillons à scènes de bataille en camaïeu violet, avec cartels à petits amours en grisaille sur fond d'or et d'argent encadrés de cariatides et de rocailles. Monture en nacre découpée à jour offrant des médaillons à groupes d'amours et bustes de femmes, rehaussée d'or et d'argent.

297 — Bel éventail de l'époque Louis XVI, feuille en soie crème dessin brodé à paillettes rubis, or et argent, avec médaillons peints à la gouache, sujets champêtres et vases de fleurs. Monture en ivoire sculpté à figures et ornements, rehaussée d'or.

298 — Joli éventail de l'époque Louis XV représentant le triomphe de Vénus dans le royaume de Pluton. Gracieuse composition attribuée à Coypel, encadrée de rocailles et de fleurs. Monture en nacre rehaussée d'or, offrant des scènes à petits personnages, des rocailles et des animaux.

299 — Eventail du xviiie siècle en ivoire décoré de fruits, de figures et de rocailles rehaussés d'or, feuilles représentant Télémaque et Calypso, composition de plusieurs figures encadrée de fleurs avec petits médaillons de chaque côté.

300 — Eventail Louis XVI représentant

— 53 —

Diane et les Amours apparaissant au berger Pâris, fond à guirlandes de fleurs et médaillons jeux d'enfants en camaïeu. Monture en ivoire rehaussée d'or et d'argent à figures de troubadour, bergère et amours.

301 — Eventail Louis XVI, feuille à médaillon, sujet champêtre et attributs de musique, encadré de fleurs. Monture nacre à figures et ornements rehaussés d'or.

302 — Eventail en ivoire pointillé d'argent avec médaillon et montant en nacre, feuille représentant Eliezer et Rébecca à la fontaine; au revers le duo d'amour. Époque XVIII<sup>e</sup> siècle.

303 — Eventail Louis XVI, feuille à médaillon, paysage animé de figures, fleurs, et petits médaillons en camaïeu; monture nacre rehaussée d'or et d'argent.

304 — Eventail Louis XVI en ivoire peint

feuille représentant une diseuse de bonne aventure prédisant l'avenir à un roi.

305 — Eventail avec feuille en soie offrant au centre un médaillon, la famille royale de Louis XVI, fond avec ornements et inscription brodés à paillettes. Monture en bois.

306 — Eventail en vernis Martin, représentant Flore et Zéphyr, des petits médaillons à sujets chinois peints en couleur et rehaussés d'or. XVIII$^e$ siècle.

307 — Eventail en vernis Martin, représentant les divertissements champêtres. Au revers un paysage avec vue de château. XVIII$^e$ siècle.

308 — Eventail en vernis Martin, représentant une scène allégorique avec réunion de plusieurs personnages dans un paysage. Dans le bas des médaillons à sujets chinois. XVIII$^e$ siècle.

309 — Eventail en vernis Martin, représentant le char de l'Amour escorté de dieux et de déesses. Au revers un paysage. XVIII° siècle.

310 — Eventail en ivoire finement sculpté à figures et fleurs, feuille représentant l'Amour visitant la belle Hélène ; au revers, Mars et Junon. XVIII° siècle.

311 — Eventail Louis XV en nacre sculpté et rehaussé d'or, offrant des allégories aux divertissements champêtres et des petits amours encadrés de rocailles ; la feuille postérieure, comme peinture, représente une fête champêtre.

312 — Eventail Louis XVI représentant Mercure venant au devant de Flore et des nymphes ; monture en nacre rehaussée d'or à figures et ornements.

313 — Eventail en nacre finement sculptée à jour, à figures et rocailles parties

rehaussées de peintures, feuilles à médaillons, sujets allégoriques et champêtres. Époque Louis XV.

314 — Eventail Louis XVI en ivoire rehaussé d'or avec feuille à sujet champêtre.

## ARMES

315 — Petite arbalète en fer, datée *1670*.

316 — Petite dague à lame quadrangulaire avec pommeau et garde en fer ciselé, dessin à chaînettes. XVIe siècle.

317 — Dague à lame triangulaire, poignée à figurine d'homme en fer, quillon forme tête de crocodile. XVIe siècle.

318 — Epée de cour à lame triangulaire avec inscription gravée près du talon signature de *Kiessman*, de Bruxelles; pommeau et garde en fer découpé à jour. XVIIe siècle.

319 — Epée de cour à lame triangulaire en fer bleui et doré, poignée en acier faceté, fourreau en galuchat blanc avec garniture. Signée de *Gray et Son*. Époque Louis XVI.

320 — Épée d'enfant, lame gravée près du talon, avec inscription, poignée repercée à jour et dorée.

321 — Épée avec poignée en acier perlé, fourreau en galuchat. XVIIIe siècle.

322 — Pistolet à pierre, crosse garnie d'argent, signé : *Brazier London*.

323 — Poignard japonais avec garniture en shibuitschi, partie dorée.

324 — Poignard sauvage, fourreau en cuivre.

325 — Belle garde de sabre en shibuitschi, finement gravée, ciselé et rehaussé d'or, forme dragon impérial. Avec signature.

326 — Garniture de poignard en shibuitschi, rehaussé d'or et signé.

327 — Manche de couteau en shibuitschi ciselé et parties dorées, avec guerrier lancé au galop.

328 — Fusil en bois sculpté canon damasquiné, monture en cuivre ciselé et doré du XVIIIe siècle.

## VERRERIE

329 — Deux carafes en verre gravé, décor oiseaux et fleurs. Hollande.

330 — Verre quadrilobé, décor gravé : perruche perchée sur branche d'arbre.

331 — Deux grands verres élevés sur pieds et avec couvercles décorés, l'un de paysage, et l'autre de médaillon chiffré enguirlandé de fleurs. Hollande.

332 — Sept verres et coupes de Salviati de Venise, de formes variées.

## BRONZES, CUIVRES, FERS.

333 — Paire de candélabre en bronze patiné et doré, représentant des génies, portânt des couronnes à trois branches de lumière. Époque I$^{er}$ Empire.

334 — Paire de chenêts en fer orné de dragons avec boules en cuivre. xvi$^e$ siècle.

335 — Couvre-foyer en cuivre repoussé, décor aux aigles d'Autriche, fleurs, fruits et godrons. Époque Louis XIII.

336 — Soufflet en bois sculpté à bustes de femmes, oiseaux, mascarons, et arabesques fleuris. Monture en cuivre à double dauphin. xvi$^e$ siècle.

337 — Pelle, pincette et balai de foyer en cuivre poli. xvii$^e$ siècle.

338 — Statuette en bronze : *le Chanteur florentin*, de Paul Dubois, édition de Barbedienne.

339 — Deux bas-reliefs en bronze : *les Sources* de Jean Goujon, édition de Barbedienne.

340 — Vase en cuivre gravé, patiné de différents tons. Travail ancien de l'Inde.

341 — Deux vases en cuivre gravé et ciselé, travail indien.

342 — Divinité, coupe et brûle-parfums en cuivre gravé, de l'Inde.

343 — Deux seaux en tôle laqué rouge décor polychrome et or, dans le goût chinois. XVIII$^e$ siècle.

344 — Fontaine hexagonale en cuivre repoussé, décor à arabesques de fleurs et de feuillages, portée par trois figurines d'enfant, robinet avec dauphin. Époque Louis XIII.

345 — Petit lustre flamand en cuivre poli à six lumières. XVI$^e$ siècle.

346 — Plateau octogone en cuivre gravé et repercé, de l'Inde.

347 — Plateau de forme originale en cuivre gravé et étamé, de l'Inde.

348 — Chope et cruchon en étain gravé.

## OBJETS DIVERS

349 — Petit plateau en écaille incrustée de nacre et d'or. Époque Louis XV.

350 — Chaperon de faucon en cuir ancien.

351 — Étui en cuir rouge doré au petit fer forme livre, au chiffre du dauphin. Époque Louis XVI.

352 — Coffret à jetons renfermant quatre boîtes, décor vernis Martin à sujets champêtres en grisailles rosées, encadré d'ornements à rehauts d'or et polychrome. Époque Louis XV.

353 — Vase surbaissé en bronze offrant en haut relief des sujets mythologiques. XVI<sup>e</sup> siècle.

354 — Mandoline ancienne incrustée de nacre.

355 — Coffret en vernis Martin, décor à figures d'amours, guirlandes de fleurs et corbeille de fruits, monté en cuivre au chiffre royal. XVIII<sup>e</sup> siècle.

356 — Coffret en bois doré, garniture en fer. XVI<sup>e</sup> siècle.

357 — Jeu de loto ou cavagnole et jeux de carte, pochette en soie et ivoire du XVIII<sup>e</sup> siècle. Les cartons représentent des allégories à petits personnages peintes à l'aquarelle et à la gouache.

358 — Trente vitraux anciens.

359 — Neuf reliures anciennes en cuivre doré au petit fer à armoiries et ornements.

360 — Trois paires de balances diverses anciennes.

361 — Coffret en bois du Tonkin incrusté de burgau.

362 — Masque vénitien.

363 — Jonc avec pomme en or émaillé et gravé, dans son écrin.

364 — Canne en corne avec pomme en or gravé.

365 — Rouleaux de cuir de Cordoue.

366 — Sept couteaux, manches en bois incrustés d'argent et de burgau, monture argent doré.

367 — Quatre couteaux, manches en bois incrusté d'argent et de burgau.

368 à 370 — Suite de dix albums japonais sujets en couleur et grisaille, dont trois portant les signatures *Tcho sui* 1770 et un de *Ho Ku Saï*. (Sera divisé.)

## MEUBLES

371 — Miroir rectangulaire biseauté avec cadre en bois sculpté et doré à fruits et ornements enroulés. Époque Louis XIII.

372 — Deux Bibliothèques à deux portes en noyer ciré.

373 — Commode en acajou garnie de cuivre. Époque Louis XVI.

374 — Deux beaux fauteuils en bois finement sculpté couvert de brocart ancien à fleurs et grands ramages. Époque Régence.

375 — Bergère en bois sculpté couverte en dauphine bleue brochée. Époque Louis XVI.

376 — Petit tabouret de pied en bois sculpté et doré, couvert en ancienne tapisserie du temps de Louis XVI.

377 — Meuble-étagère japonais rehaussé de décor en laque d'or.

378 — Table à coiffer en palissandre et bois de rose, garnie de bronzes Louis XV.

379 — Commode à trois tiroirs en palissandre garnie de bronzes. Époque Louis XV.

380 — Table en noyer avec pieds balustres, reliés par un entrejambe.

381 — Horloge à poids en bois sculpté couronné par une figure d'Atlas portant la boule du monde. Époque Louis XIII.

## TAPISSERIES, ÉTOFFES, DENTELLES

382 — Tableau en tapisserie représentant une figure allégorique. Cadre en bois sculpté et doré. Époque Louis XIV.

383 — Deux bandes et un bandeau formant cantonnière en ancienne tapisserie à nœuds de rubans et guirlandes de fleurs.

384 — Portière en velouté rouge, avec bandes en ancienne tapisserie, représentant des figures, des trophées guerriers et des symboles de la Toison d'or.

385 — Tapisserie d'Aubusson du xviii$^e$ siècle représentant les femmes de Darius venant implorer la clémence d'Alexandre, bordure à palme et fleurs.

386 — Tapisserie verdure avec volatiles.

387 — Tapisserie à personnages du xvii$^e$ siècle.

388 — Pente en broderie d'or et de soie représentant cinq apôtres sous des arceaux. Fin du xv$^e$ siècle.

389 — Lots de morceaux et de bandes de tapisserie.

390 — Jolie robe en satin blanc rayé et broché à guirlandes de roses et bouquets de bleuets. Époque Louis XVI.

391 — Coupe de satin crême, dessin Louis XVI à bouquets de fleurs détachés et rayures.

392 — Coupe de soie mauve changeante brochée à bouquets de fleurs polychromes et festons dessin dentelle blanc argent. Époque Louis XV.

393 — Couvre-pied en soie bleu pâle brochée à bouquets de fleurs et festons entrelacés. Époque Louis XVI.

394 — Tapis en soie verte brochée à fleurs. XVIIIe siècle.

395 — Bande en broderie de soie dessin à fleurs et ornements. Époque Louis XIV.

396 — Tapis en cachemire de l'Inde.

397 — Deux chasubles, étoles, manipules et dessus de calice, velours de Gênes, dessin à arabesques sur fond blanc argent.

398 — Lots d'anciennes broderies et de galons de la Renaissance.

399 — Petit manteau de vierge en broderie métallique sertie de fils de soie rouge sur fond crème semé de paillettes. XVI<sup>e</sup> siècle.

400 — Tapis en tapisserie au point et au petit point, dessin à fleurs et ornements sur fond-blanc. Époque Louis XIII.

401 — Lots d'anciens damas de soie rouge.

402 — Diverses coupes de satin et soie brochée du XVII<sup>e</sup> siècle.

403 — Coussin en tapisserie au petit point représentant des amours et deux personnages mythologiques. Travail du temps de Louis XVI, revers en ancien velours de Gênes.

404 — Coussin en tapisserie du XVI<sup>e</sup> siècle représentant des personnages dans un paysage; revers en ancien velours de Gênes garni de franges assorties.

405 — Coussin en étoffe siamoise et toile brodée.

406 — Petit tapis en satin rouge brodé à rosaces. Travail ancien d'Orient.

407 — Couvre-pied piqué en toile de Gênes.

408 — Bandeau en guipure ancienne, dessin à ornements.

409 — Joli tapis de table en guipure vénitienne et ancienne, dessin à rosaces et entrelacs, bordure de dentelle sur fond de soie verte.

410 — Tour de lit en ancienne guipure avec médaillons à rosaces et entredeux.

411 — Bandeau en ancienne guipure et broderie de soie.

412 — Bandeau avec bordure et dessin en guipure ancienne.

413 — Bandeau soutaché et brodé, dessin très délicat à oiseaux et ornements, bordure en guipure.

414 — Deux petits bandeaux avec bordure dentelée en ancienne guipure.

415 — Portière en ancienne guipure, dessin varié dit mosaïque.

416 — Coupes d'anciennes guipures.

417 — Deux coupes de dentelles d'argent anciennes.

418 — Sept bonnets ou coiffures en broderies de soie, d'argent et d'or.

419 — Quatre aumonières en broderie d'or et d'argent.

420 — Porte-cartes, escarcelle, paire de gants d'enfants, paire de mules en broderies et soieries.

# TABLEAUX
## DESSINS, AQUARELLES

### BOUCHER

421 — *Amours dans un parc jouant avec un chien.*

### DAUBIGNY

422 — *La Baie de Villerville.*
Provient de la vente après décès du maître.

### DELACROIX (Eug.)

423 — *Projet de panneau décoratif.*
Aquarelle.

424 — *Personnages orientaux.*
Aquarelle.
Étude.

## TOURNIÈRES

425 — *Le Concert.*
  Petit tableau.
  Cadre ancien en bois sculpté.

## FRAGONARD (Attribué à)

426 — *Le Repos champêtre.*

## FRAGONARD (Attribué à)

427 — *Allégorie d'un fleuve.*
  Dessin.

## M<sup>lle</sup> GÉRARD

428 — *Portrait du fils de Fragonard.*
  Représenté debout, appuyé sur une table d'étude.

## FROMENTIN

429 — *Femmes d'Orient.*
  Aquarelle.
  Étude.

430 — *Femme et enfant d'Orient.*
  Dessin.
  Étude.

## GILLOT

**431** — *Les Misérables.*
   Dessin.
   Étude.

## LECLERC DES GOBELINS

**432** — *L'Enlèvement de la Belle Europe.*

**433** — *Vénus et l'Amour.*
   Deux jolis petits tableaux se faisant pendants.

## MOREAU

**434** — *Scène de sacrifice.*
   Dessin.

## PIERRE (J. B. M.)

**435** — *Endymion.*

## SCHALL ou FRAGONARD ?

**436** — *La Danseuse.*
   Représentée à mi-corps tenant gracieusement une guirlande de fleurs.
   Charmant petit tableau.

## WATTEAU

**437** — *Deux Dessins dans un même cadre.*

<small>Étude.</small>

## ÉCOLE ANCIENNE

**438** — *Le Couronnement de la Vierge et de l'Enfant.*

<small>Peinture sur verre, xvii<sup>e</sup> siècle.</small>

## ÉCOLE FRANÇAISE

**439** — *Gentilshommes chasseurs.*

<small>Deux dessins rehaussés de blanc et de sanguine. Époque Louis XV.</small>

## ÉCOLE FRANÇAISE

**440** — *Scène mythologique.*

<small>Jolie gouache en forme d'éventail. Époque Louis XV.</small>

## ÉCOLE FRANÇAISE

**441** — *Chevaux au vert.*

<small>Dessin.</small>

# ESTAMPES

### BASSET (A Paris chez)

442 — *Le Bastringue.*
   Très belle épreuve. Rare.

### BASSET (A Paris chez)

443 — *Fête du 14 juillet, an IX.*
   En couleur.

### CARICATURES

444 — *Quel est le plus ridicule ?*
   Rapprochement et contraste des costumes depuis 89. En couleur.
   Très belle épreuve. Rare.

### CARICATURES

445 — *Le Coup de vent. — Les Glaces. — Et nous aussi j'valsons.*
   Trois pièces coloriées.

## COSWAY (D'après R.)

446 — *Recamier (Madame).*
Par Ant. Cardon. In-fol. en couleur.
Très belle épreuve.

## DAUBIGNY

447 — *Paysage.*
Fac-similé de dessin, d'après Claude Lorrain.

## DEBUCOURT

448 — *La Croisée.*
En couleur.
Belle épreuve.

## DEBUCOURT (P. L.)

449 — *Les Visites.*
En couleur.
Belle épreuve.

## DELACROIX (Eugène)

450 — *Lion dévorant un cheval.*

## DESMAISONS (D'après)

**451** — *Lettre de faire part de mariage.*

Gravée par Mme Desmaisons.
Très belle épreuve. Rare.

## EISEN (D'après Ch.)

**452** — *Vignettes et fleurons.*

Pour les œuvres de Dorat.
Quinze pièces.

## EISEN et MARILLIER (D'après)

**453** — *En-têtes et figures.*

Pour illustrations de livres du xviiie siècle. Douze pièces.
Très belles épreuves.

## FRAGONARD (D'après H.)

**454** — *Les Hazards heureux de l'escarpolette.*

Par N. Delaunay.
Très belle épreuve.

## HOPPNER (D'après J.)

455 — *Hampden (Catherine Viscountess).*

Gravé par Young. In-fol. en manière noire.
Très belle épreuve.

## LANDRY (A Paris chez P.)

456 — *La Foi catholique triomphante dans toutes les villes d'Angleterre.*

Almanach pour l'année bissextile 1688, avec calendrier.
Très belle épreuve.

## LAVREINCE (D'après N.)

457 — *M^rss Merteuil and Miss Cécille Volange.*

Par Romain Girard. En couleur.
Superbe épreuve avec marge.

## LAVREINCE (D'après N.)

458 — *Le Serin chéri.*

Par Dnargle (Legrand). En couleur.
Très belle épreuve. Rare.

## LEGRAND (A Paris chez)

459 — *Éventail du temps de la République où sont représentés les sens et les saisons.*

Rare.

## MALLET (D'après)

460 — *Les Jeux de l'amour. — Les Promesses de l'amour.*

Deux pièces en couleur faisant pendants, gravées par Beljambe.
Très belles épreuves.

## MERYON (Ch.)

461 — *Présentation au roi Louis XI du Valère Maxime.*

Imprimé à Paris vers 1475.
Belle épreuve avant la lettre. Sur Chine.

## MOND'HARE (A Paris chez)

462 — *M$^{lle}$ Colombe, l'aînée de la Comédie italienne.*

In-4° en couleur.
Très belle épreuve, toute marge.

## MOREAU (D'après J. M.)

463 — *C'est un fils, Monsieur.*
Par C. Baquoy.
Très belle épreuve avec les lettres A. P. D. R.

## MOREAU (D'après J. M.)

464 — *J'en accepte l'heureux présage.*
Par Trière.
Belle épreuve avec les lettres A. P. D. R.

## MOREAU (D'après J. M.)

465 — *Le Jugement de Paris.*

Trois vignettes in-8°, gravées par St-Aubin, Delaunay et Née.
Très belle épreuve.

## PRUD'HON (D'après P. P.)

466 — *Naufrage de Virginie. — La Grotte.*

Deux pièces in-8°, gravées par Roger.
Belles épreuves avant la lettre.

## REGNESSON (A Paris chez N.)

**467** — *Étrennes à Monseigneur le Dauphin.*

Almanach pour l'année 1667, avec calendrier.
Très belle épreuve.

## SAINT-AUBIN (D'après Aug. de)

**468** — *La Jardinière. — La Blanchisseuse.*

Deux pièces faisant pendants, gravées par Gautier et Morret. En couleur.
Superbes épreuves avant toutes lettres.

## TAUNAY (D'après)

**469** — *Foire de village. — Noce de village. — Le Tambourin. — La Rixe.*

Suite de quatre pièces gravées en couleur par Descourtis.
Belles épreuves.

## WARD

**470 — *Ricardi* (M<sup>me</sup>), *circassienne*.**

D'après Zampi. In-fol. en manière noire.
Très belle épreuve, marge.

## WATTEAU (D'après Ant.)

**471 — *L'Enseigne*.**

Par Aveline.
Très belle épreuve un peu restaurée.

## LIVRES

472-499 — Environ 800 volumes, ouvrages anciens et modernes bien reliés parmi lesquels on remarque : Almanachs microscopiques — Recueil d'airs choisis avec musique, maroquin vert, orné de *11 dessins en couleurs* — Lacroix. Les Arts au Moyen-Age, etc., 9 volumes grand in-8° — Livres à figures du xviii° siècle — Œuvres de Dorat — Imbert. Jugement de Paris — Publications de luxe de L. Conquet — Boussod-Valadon, etc. — Ouvrages sur les Patois — Romans — Mémoires — Théâtres, etc., etc.

500 — Objets omis.

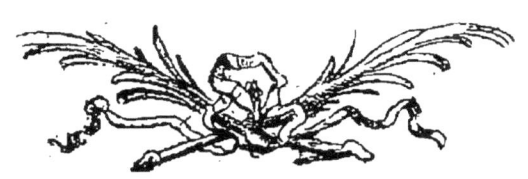

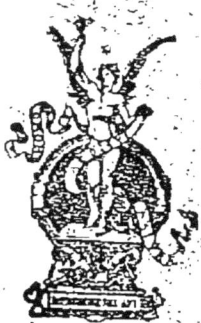

www.ingramcontent.com/pod-product-compliance
Lightning Source LLC
Chambersburg PA
CBHW071200240526
45470CB00017B/859